Klöster – Inseln der Stille

Klöster – Inseln der Stille

Rüdiger Dingemann
Mirko Milovanovic
Hartmut Krinitz

BRUCKMANN

Inhalt

PLANKSTETTEN
BR. MAURUS GUTH OSB. 4. 10. 41. 32. J. JOSEF
HAUSNER 16. 10. 41. 28. J. P. MAURUS ASCHER OSB.
9. 4. 42. 37. J. BENEDIKT PFLIEGER 24. 8. 42. 33. J. HANS
NICKL 15. 9. 42. 27. J. BR. ENGLB. GEDON OSB. 7. 10. 43.
39. J. HEINRICH WOLF 19. 11. 43. 19. J. GEORG BREIN

Freude der Stille

Gehe ruhig und gelassen
durch Lärm und Hast.

»Wort und Bild sind Correlate, die sich immerfort suchen, wie wir an Tropen und Gleichnissen genugsam gewahr werden. So von je her, was dem Ohr nach innen gesagt oder gesungen war, sollte dem Auge gleichfalls entgegenkommen. Und so sehen wir in kindlicher Zeit in Gesetzbuch und Heilsordnung, in Bibel und Fibel sich Wort und Bild immerfort balancieren. Wenn man aussprach, was sich nicht bilden, bildete, was sich nicht aussprechen ließ, so war das ganz recht; aber man vergriff sich gar oft und sprach, statt zu bilden, und daraus entstanden die doppelt bösen symbolisch-mystischen Ungeheuer.«

Johann Wolfgang von Goethe,
Maximen und Reflexionen

Wer kennt nicht den Wunsch, der Hektik und den Pflichten des Alltags zu entfliehen; einfach abzuschalten, innezuhalten und sich in Stille und Harmonie zurückzuziehen. Einmal Ferien vom Alltags-Ich machen, sich auf die Suche nach dem Eigentlichen begeben und sich seiner selbst vergewissern. Diese Suche nach dem Selbst verbindet sich mit den Fragen nach dem, was die »Welt im Innersten« zusammenhält und nach den letzten Dingen.

Metaphysische Bedürfnisse können auf verschiedene Weise befriedigt werden: Durch Meditation, geistige Spiritualität oder Frömmigkeit, Philosophie oder Poesie. So vielfältig die Fragen und Wege zu den Antworten sind, so unterschiedlich können die Antworten ausfallen. Was die Wege eint, ist die Möglichkeit zur Erkenntnis, aus der man Kraft schöpfen kann.

Bevorzugte Orte, um sich auf eine derartige Reise nach Innen zu begeben, sind Klöster. Der vom lateinischen »Claustrum« (abgeschlossener Raum) abgeleitete Begriff »Kloster« deutet es schon an: ein Ort der Zurückgezogenheit und Weltabgeschiedenheit. Der Bereich mönchischen Lebens ist der ideale Ort für ein störungsfreies, stilles, auf sich selbst bezogenes Leben – auch auf Zeit – ein Ort zur inneren Einkehr. Das Kloster ist ein geschützter Raum.

Ein der Askese verpflichtetes Leben ist für die Mitglieder von Klostergemeinschaften (Orden) verbindlich und wird durch kultisch-rituelle Regeln geordnet. Zu einer wesentlichen Voraussetzung für ein derart spirituelles Leben gehört der von der Welt abgeschlossene Raum: Er schützt vor den Versuchungen und bietet die Gewähr für die geistliche Konzentration der Ordensbrüder und -schwestern. Ihr zurückgezogenes Leben steht im Dienst Gottes; und dieses Leben mit Gott kennt dem Prinzip nach jede Religionsgemeinschaft der Welt, so verschieden ihre Formen und Riten auch sein mögen.

Kloster St. Odilienberg, Frankreich

Zu Gott fliehen und zur Erde zurückkehren

Schon sehr früh haben sich in Indien und im Alten Orient Asketen zum Meditieren zurückgezogen, und es haben sich sehr früh auch schon kleine Gemeinschaften gebildet, die klosterähnliche Gebäude errichteten. Eine völlige Lösung von allen Bindungen an die Welt findet sich zum Beispiel in einer der ältesten Versionen des Buddhismus, im Hinayana. In dieser Mönchsreligion waren (und sind) die Klöster spirituelle, aber auch kulturelle wie politische Zentren, insbesondere im tibetanischen und mongolischen Lamaismus. Ebenso schließen sich im japanischen und chinesischen Buddhismus, im Taoismus und im Hinduismus »heilige Männer« in klösterlichen Gemeinschaften zusammen. Selbst im Islam, der eigentlich mönchische Lebensvorstellungen ablehnt, gibt es ein mönchisches Asketentum. Das Judentum kennt keine monastischen Vereinigungen.

Frühchristliches Mönchtum mit verbindlichen Regeln geht auf den ägyptischen Eremiten Pachomius (um 287–347) zurück, der um 320 in Tabennesi (bei Dendera) das erste von Mauern umgebene Kloster mit Kirche, Speise-, Wohn- und Bücherräumen einrichtete, in dem christliche Asketen und Einsiedler eine Gemeinschaft bildeten. Die wichtigsten Hauptregeln, die zur Ordnung der europäischen Klöster wurden, formulierten Basilius der Große (um 330–379) und Benedikt von Nursia (um 480– um 547).

Klöster waren kulturelle und wirtschaftliche Zentren. Sie hatten großen Einfluss auf die jeweilige Region, in der sie angesiedelt waren. Die Reformation verurteilte das Klosterwesen als unbiblisch. In evangelischen Regionen wurden die Klöster aufgelöst: bis auf wenige Ausnahmen wie Loccum oder in der anglikanischen Kirche; hier gibt es klosterähnliche geistliche Gemeinschaften (Kommunitäten).

Mit der Weisheit zusammenwohnen

Ein wichtiger Aspekt für die abendländische Kulturgeschichte ist neben dem spirituellen und geistlichen Anliegen der Klöster ihre Architektur und Kunst.

In einer Klosteranlage bilden alle Gebäude zusammen mit der Kirche nicht nur eine architektonische Einheit, sondern eine selbstständige Lebens- und Wirtschaftseinheit: An die Kirche schließt sich ein Umgangshof (Kreuzgang) an, umgeben von den Klausurbauten. Dazu gehören das Refektorium (Speisesaal), gegenüber und parallel zur Kirche, der Kapitelsaal, das Parlatorium (Sprechraum) und das Dormitorium (Schlafsaal). Hinzu kommen Räume oder Häuser für den Abt, Novizen, Gäste, eine Schule, ein Krankenhaus, Werkstätten, Schuppen, Ställe, Gärten und ein Friedhof. So war die Klosterarchitektur zum einen Sakralarchitektur und zum anderen Profanarchitektur.

Häufig wetteiferten die Orden bei ihren Klosterbauten untereinander und auch mit den römischen Sakralbauten. Dies widersprach aber dem Bekenntnis zur Schlichtheit. Daher kam es zu Abspaltungen von Reformorden, die zu den ursprünglichen Regeln zurück kehren wollten. So verzichteten gerade Zisterzienser und Bettelorden u .a. auf Türme, Wölbungen, Chorumgänge. Und aufgrund zunehmender verschärfter Klausur sowie durch die Aufnahme von Laienbrüdern kam es zu einer räumlichen Teilung innerhalb der Klosterumfriedung: Laienbrüder erhielten eigene Plätze in der Kirche, eigene Speise- und Schlafsäle sowie Werkstätten.

Klöster sind Inseln der Stille. Sie wurden meist abseits – aber nicht ausschließlich – der großen, lauten Metropolen in schöner landschaftlicher Umgebung errichtet. Einige sogar weit abgeschieden, in Einöden oder Wüsten oder wie die nur schwer erreichbaren orthodoxen Klöster in Griechenland hoch auf den Felsen. Benediktiner bauten auch gern auf Anhöhen

Benediktinerabtei Einsiedeln, Schweiz

und Zisterzienser in abgelegenen Tälern, Franziskaner und Dominikaner in Städten. Beim Deutschen Orden waren die Klöster Burgen, und in Fürstabteien gingen Kloster und Palast eine enge Verbindung ein: Als Beleg dafür mag die geradezu weltabweisende Strenge und imposante Machtdemonstration von San Lorenzo el Real de El Escorial in Spanien gelten; dagegen sind die barocken Benediktinerklöster Ottobeuren, Weingarten, Melk oder Einsiedeln wesentlich weltoffener.

Im Schweigen seine Seele bewahren

Auch wenn mit diesem spirituellen Leben in der Abgeschiedenheit eine gewisse Weltflucht beabsichtigt ist, so bedeutet dies für die meisten Orden kein absolutes Abwenden von der diesseitigen Welt. Vielfältige seelsorgerische und sozialpflegerische Dienste verrichten Nonnen und Mönche. Sie leiten Schulen und andere Bildungseinrichtungen, und wenn es ihre Ordensregel erlaubt, wirtschaften sie zum Teil recht erfolgreich. Unverrückbar bleibt aber die konsequente Ausrichtung auf Gott, ein bescheidenes wie einfaches, zurückgenommenes Leben in Ruhe, das die Innerlichkeit, die Zwiesprache mit sich selbst und Gott fördert.

Das Leben hinter Klostermauern weckt immer die Neugier derer, die nicht dazugehören: Wie schaut dieses gottgefällige, bußfertige Leben zwischen Fasten, Beten und Arbeiten aus? Ist doch bekannt, dass es je nach Bruderschaft neben Gebet und strenger Ordensregel ein freudiges, ja stilles Genießen gibt.

Seit geraumer Zeit laden Klöster Gläubige und Nicht-Gläubige nicht nur zu Gottesdiensten ein, sondern auch dazu, Tage oder Wochen in ihrer Ordensgemeinschaft zu verbringen. Dieses Angebot wird inzwischen von vielen gern angenommen, gerade dann, wenn man seiner Alltagsmühsal einmal auf andere Art entfliehen will; und vor allem dann, wenn man auf der Suche nach sich selbst oder auf der Suche nach Gott ist. Ein Konvent bietet dafür die besten Voraussetzungen.

Dieser Bildband ist keine Kloster- oder Ordenskunde. Die hier versammelten Bilder von imposanten Klosteranlagen in herrlichen Landschaften, die Blicke hinter die Klostermauern, in die Gärten, in die Kreuzgänge, Kirchen, Refektorien und Bibliotheken sind Dokumente des heutigen Klosterlebens und gehen über kirchen- oder religionsgeschichtliche Aspekte hinaus. Mit dem Goethe-Wort »Wort und Bild sind Correlate, die sich immerfort suchen« lassen sich kleine Meditationen, kontemplative Momente gewinnen, aus denen man ein klein wenig Kraft schöpfen kann.

Die den über 180 Bildern zugestellten Texte versuchen eine poetische Einheit zu stiften. Die Zitate reichen von Auszügen aus dem Alten und Neuen Testament über die großen lateinischen Kirchenlehrer des christlichen Altertums wie Augustinus und Mystiker wie die Ordensfrau Hildegard von Bingen oder dem mittelalterlichen Theologen Meister Eckhart bis zu den Dichtern unserer Zeit.

In der St.-Pauls-Kirche in Baltimore findet sich seit 1692 folgende Inschrift:

»Gehe ruhig und gelassen durch Lärm und Hast.
Stehe soweit ohne Selbstaufgabe möglich in freundlicher Beziehung zu allen Menschen. Äußere deine Wahrheit ruhig und klar und höre anderen zu, auch den Geistlosen und Unwissenden; auch sie haben ihre Geschichte.

Sei du selbst, vor allen Dingen heuchle keine Zuneigung.
Noch sei zynisch, was die Liebe betrifft;
denn auch im Angesicht aller Dürre und Enttäuschung
ist sie doch immerwährend wie das Gras.

Trotz all ihrem Schein, der Plackerei und den zerbrochenen Träumen
ist diese Welt doch wunderschön.
Sei vorsichtig.
Strebe danach, glücklich zu sein.«

Rüdiger Dingemann

Stille suchen und finden

In Unschuld sollen meine Tage
Von nun an fließen. Ohne Klage
Will ich sie hier dem Himmel weihn.
Er sende Kummer oder Freuden!
In allem mir beschiednem Leiden
Will ich mit ihm zufrieden sein.

Johann Wilhelm Ludwig Gleim

Die Kuppel ist voll deines Sohns
und bindet rund den Bau.

Rainer Maria Rilke

Zum Klosterladen

Für Gottes Ort nehm' ich mir Zeit –
Minuten für die Ewigkeit!
Wer Gottes Wort hört und tut
ist klug und baut sein Leben gut.

Martin Luther

Aber der Weg zu dir ist furchtbar weit ...
O du bist einsam. Du bist Einsamkeit,
du Herz, das zu entfernten Talen geht.

Rainer Maria Rilke

Mensch, willst du weise sein,
willst Gott und dich erkennen,
so musst du vorher in dir
die Welt-Begier verbrennen.

Angelus Silesius

Es war nicht das gewöhnliche Licht, wie es jedes leibliche Auge schaut, auch nicht von derselben Art und nur größer, wie wenn dieses etwa viel viel heller leuchtete und überallhin mit seinem Glanze reichte.

Augustinus

So wir aber im Licht wandeln,
wie er im Licht ist, so haben wir
Gemeinschaft untereinander.

1. Johannes 1,7

Kloster Iona, Insel Iona, Schottland

Und ich sage euch auch:
Bittet, so wird euch gegeben;
suchet, so werdet ihr finden;
klopfet an, so wird euch aufgetan.

Lukas 11,9

Er kam aus Licht zu immer tieferm Lichte,
und seine Zelle stand in Heiterkeit.

Rainer Maria Rilke

Ich selbst bin Ewigkeit, wenn ich die Zeit verlasse
und mich in Gott und Gott in mich zusammenfasse.

Angelus Silesius

Du bist die sanfte Abendstunde,
die alle Dichter ähnlich macht;
du drängst dich dunkel in die Munde,
und im Gefühl von einem Funde
umgibt ein jeder dich mit Pracht.

Rainer Maria Rilke

Beug dich über die Strömung,
Höre die Wasser schweigen!

Josef Weinheber

Der Tag ist nun vergangen
Die güldnen Sternlein prangen
Am blauen Himmelssaal:
So, so werd ich auch stehen,
Wann mich wird heißen gehen
Mein Gott aus diesem Jammertal.

Paul Gerhardt

Lass mich, an der Felswand hier,
In des Ulmenbaums Schatten,
Meine Bürde werfen,
Neben dir ausruhn!

Johann Wolfgang von Goethe

Massif de la Sainte-Baume, Grotte der hl. Maria Magdalena

Denn alles, was von Gott geboren ist,
überwindet die Welt; und unser Glaube ist der Sieg,
der die Welt überwunden hat.

1. Johannes 5,4

Zisterzienserabtei Sénanque, Vaucluse, Frankreich

So arbeiten, als könnte man ewig leben.
So leben, als müsste man täglich sterben.

Don Bosco

Denn wir haben nichts in die Welt gebracht;
darum offenbar ist, wir werden auch nichts hinausbringen.

1. Timotheus 6,7

Was Holdes liegt mir in dem Sinn,
Das ich vor Zeit einmal besessen;
Ich weiß nicht, wo es kommen hin,
Auch, was es war, ist mir vergessen.

Theodor Storm

Ein still getrostes Herze
In Mangel, Not und Schmerze;
Zum Sterben und zum Leben
Auf ewig Gott ergeben
Wo, wo ist solch ein Held
Zu finden auf der Welt?

Gerhard Tersteegen

Dass sich Tier und Menschen nähren,
Zeugst du ihnen Kraut und Gras.

Barthold Heinrich Brockes

Wer eintritt bei dir, tritt ein in die Freude seines Herrn; er fürchtet nichts mehr, sondern im Besitze des höchsten Gutes wird er sich selbst aufs beste verhalten.

Augustinus

Bei dir ist Ruhe, fürwahr,
und ungetrübtes Leben.

Augustinus

... damit ich sähe, es sei etwas da, was ich sehen sollte, aber ich sei noch nicht der, der zu sehen vermöchte.

Augustinus

Ein' feste Burg ist unser Gott,
Ein gute Wehr und Waffen;
Er hilft uns frei aus aller Not,
Die uns jetzt hat betroffen.

Martin Luther

Wir waren eine Anzahl Freunde, welche sämtlich die Unruhen und Beschwerden des täglichen Lebens peinlich empfanden ... und hatten uns schon so ziemlich entschlossen, unser Leben fern von dem großen Haufen in Muße zu verbringen.

Augustinus

Herr, lass mich trachten, nicht, dass ich getröstet werde, sondern dass ich tröste; nicht, dass ich verstanden werde, sondern dass ich verstehe; nicht, dass ich geliebt werde, sondern dass ich liebe.

Franz von Assisi

Du brauchst Gott weder hier noch dort zu suchen,
er ist nicht weiter als vor der Tür des Herzens;
dort steht er und harrt und wartet,
wen er bereit findet, dass er ihm auftue und ihn einlasse.
Du brauchst ihn nicht von weither zu rufen;
er kann es kaum erwarten, dass du auftust.
Ihn drängt es tausendmal heftiger nach dir,
als dich nach ihm:
Das Auftun und das Eingehen,
das ist nichts als ein Zeitpunkt.

Meister Eckhart

St. Magnus Cathedral, Mainland Orkney Islands

Mensch, geh nur in dich selbst. Denn nach dem Stein der Weisen darf man nicht allererst in fremde Länder reisen.

Angelus Silesius

Herr, tue meine Lippen auf, dass mein Mund deinen Ruhm verkündige.

Psalm 51,17 –
Gebetseinladung der Zisterzienser

Denn der Herr ist der Geist;
wo aber der Geist des Herrn ist, da ist Freiheit.

2. Korinther 3,17

Es werde Licht. Und es wurde Licht.
Gott sah, dass das Licht gut war.
Gott schied das Licht von der Finsternis.

Genesis 1,3-4

In deinen langen Bogengängen
begegneten die Dichter sich
und waren Könige von Klängen
und mild und tief und meisterlich.

Rainer Maria Rilke

Es ist licht, es ist hellklar,
es ist ganz finster,
es ist namenlos,
es ist unerkannt,
ohne Anfang und ohne Ende,
es steht stille,
nackt ohne Kleid.
Wer kennt sein Haus?
Der rücke heraus
und sage uns, welcher Art seine Form sei.

Meister Eckhart

Zisterzienserabtei Sénanque, Vaucluse, Frankreich

Und so, mein Gott, ist jede Nacht;
Immer sind welche aufgewacht,
die gehn und gehn und dich nicht finden.

Rainer Maria Rilke

Und ich hörte eine Stimme vom Himmel wie eines großen Wassers und wie eine Stimme eines großen Donners; und die Stimme, die ich hörte, war wie von Harfenspielern, die auf ihren Harfen spielen.

Offenbarung 14,2

Abtei Montmajour, Frankreich

Denn wer da bittet, der nimmt; und wer da sucht, der findet; und wer da anklopft, dem wird aufgetan.

Lukas 11,10

Ihr Lichter, die ich nicht auf Erden satt kann schauen,
Ihr Fackeln, die ihr Nacht und schwarze Wolken trennt,
Als Diamante spielt und ohn Aufhören brennt;
Ihr Blumen, die ihr schmückt des großen Himmels Auen.

Andreas Gryphius

Lob, Ehr und Preis

Macht hoch die Tür, die Tor' macht weit,
Es kommt der Herr der Herrlichkeit ...

Georg Weissel

O welch großes Wunder ist dies,
dass in die untergeordnete Frauengestalt
der König einzog.
Dies wirkte Gott,
weil Demut über alles aufsteigt.

Hildegard von Bingen

Und er entschwand den Augen,
damit wir »zum Herzen« zurückkehrten
und ihn fänden.

Augustinus

Zisterzienser Stift Zwettl, Österreich

Menschen, die aus der Hoffnung leben, sehen weiter.
Menschen, die aus der Liebe leben, sehen tiefer.
Menschen, die aus dem Glauben leben, sehen alles in einem anderen Licht.

Lothar Zenetti

Von dir aber nahm ich an, oh Herr, dass du nach allen Richtungen unbegrenzt, sie von allen Seiten umgäbest und durchdrängest.

Augustinus

Doch die sich seine Jünger nannten,
Die formten es in Erz und Stein,
Und stellten's in des Tempels Düster
Und in die lichte Flur hinein.

Theodor Storm

Jedes Wesen ist gerne an seiner natürlichen,
ihm eigenen Stätte. Gottes natürliche, eigene Stätte
ist Einheit und Lauterkeit; die aber beruhen auf
Abgeschiedenheit. Darum kann Gott nicht umhin,
einem abgeschiedenen Herzen sich selber zu geben.

Meister Eckhart

Denn noch hatte ich nicht erkannt und nicht gelernt, weder dass das Übel und Böse selbst und als solches keine Substanz ist, noch auch dass unser eigener Verstand nicht das höchste und unveränderliche Gut ist.

Augustinus

Benediktiner Stift Kremsmünster, Österreich

Lobe den Herren, den mächtigen König der Ehren,
Meine geliebete Seele, das ist mein Begehren,
Kommet zu Hauf,
Psalter und Harfe wacht auf,
Lasset die Musicam hören.

Joachim Neander

Aber manchmal im Traum
kann ich deinen Raum
überschaun,
tief vom Beginne
bis zu des Daches goldenem Grate.

Rainer Maria Rilke

Wo keine Freiheit ist,
Bist du die Freiheit.

Erich Fried

Wir bauen Bilder vor dir auf wie Wände;
so dass schon tausend Mauern um dich stehen.
Denn dich verhüllen unsre frommen Hände,
sooft dich unsre Herzen offen sehn.

Rainer Maria Rilke

Gott beantwortet das Gebet auf seine Weise,
nicht auf die unsrige.

Mahatma Gandhi

Und die Pforte ist eng, und der Weg ist schmal, der zum Leben führt; und wenige sind ihrer, die ihn finden.

Matthäus 7,14

Die Himmel rühmen des Ewigen Ehre,
Ihr Schall pflanzt seinen Namen fort.

Christian Fürchtegott Gellert

EGO SUM VIA VERI
TAS ET VITA

Was Wunder, dass ich mich in
Eitelkeiten verlor...

Augustinus

Das Haus
Gottes
Und Himels
Porten

Die Liebe kennt keine Furcht.

Meister Eckhart

Lass durch nichts in der Welt dich binden
als durch deine höchste innere Wahrheit.

Emma Herwegh

So viele Engel suchen dich im Lichte
und stoßen mit den Stirnen nach den Sternen
und wollen dich aus jedem Glanze lernen.
Mir aber ist, sooft ich von dir dichte,
dass sie mit abgewendetem Gesichte
von deines Mantels Falten sich entfernen.

Rainer Maria Rilke

Es ist nie zu spät, so zu sein, wie man es gerne gewesen wäre …

George Eliot

Das Schweigen ist das Mysterium der künftigen Zeit; das Reden aber das Werkzeug dieser Welt.

Heiliger Isaak

Welch ein majestätisch Prangen,
Welch ein heitrer Wunderglanz
Hält dein strahlend Rund umfangen!

Barthold Heinrich Brockes

Nun aber bleibt Glaube, Hoffnung, Liebe, diese drei;
aber die Liebe ist die größte unter ihnen.

1. Korinther 13,13

Lob, Ehr und Preis sei Gott,
Dem Vater und dem Sohne
Und dem, der beiden gleich
Im höchsten Himmels Throne,
Dem ewig-höchsten Gott,
Als er anfänglich war
Und ist und bleiben wird
Jetzt und immerdar.

Martin Rinckart

Niemals hätte Gott so Großes und so Herrliches für uns vollbracht, wenn mit dem Leben des Leibes auch das der Seele zu Ende wäre.

Augustinus

Nun habe ich Dir gesungen:
noch ist es mir nicht gelungen.
Wolltest du mir singen,
dann müsste es mir gelingen.

Mechthild von Magdeburg

Wär nicht das Auge sonnenhaft,
die Sonne könnt es nie erblicken.
Läg nicht in uns des Gottes eigne Kraft,
wie könnt uns Göttliches entzücken?

Johann Wolfgang von Goethe

MAXIMILIANI.

Zwischen dem Himmelreich und dir sei stetes Hoffen.

Mechthild von Magdeburg

Was ist selbst der glücklichste Mensch ohne Glauben? Eine schöne Blume in einem Glase Wasser, ohne Wurzel und ohne Dauer.

Ludwig Börne

Ein Mund, der immer dankt, empfängt den Segen des Herrn, und die Gnade Gottes senkt sich in das Herz, das in Dankbarkeit verharrt.

Heiliger Isaak

Herr, du bist groß und hoch zu loben;
groß ist deine Macht, deine Weisheit ist ohne
Ende. Und dich zu loben wagt der Mensch,
ein winziger Teil deiner Schöpfung …

Augustinus

Je stiller Du bist, desto mehr kannst Du hören.

Chinesische Weisheit

REGNANTI
WILLIBALDO

Unser täglich Brot gib uns heute.

Matthäus 6,11

Du strahlst in meiner Seele
wie die Sonne auf dem Golde.
Wenn ich in dir ruhen darf, Herr,
so ist meine Wonne groß.

Mechthild von Magdeburg

Monte Oliveto Maggiore, Italien

COME VNO PRETE ISPIRATO DA DIO
PORTA DA MANGIARE A BENEDETTO

Denn obwohl ich veränderlich war und mir dies daraus offenbar wurde, dass ich doch nur darum nach der Weisheit strebte, um aus einem minder Vollkommenen ein Vollkommener zu werden, so wollte ich doch lieber auch dich als veränderlich mutmaßen, als nicht sein, was du bist.

Augustinus

Denn wenn ich unwürdiger Mensch aus meiner Kraft nicht zu loben vermag, dann schicke ich alle Kreaturen zu Hofe und fordere sie auf, Gott für mich zu loben mit all ihrer Weisheit, mit all ihrer Liebe, mit ihrer ganzen Schönheit und mit all ihren Begierden ...

Mechthild von Magdeburg

Benediktinerabtei Stift Altenburg, Österreich

Einkehr und Meditation

So wandelt als Kinder des Lichtes.
Des Lichtes Frucht besteht aus lauter Güte,
Gerechtigkeit und Wahrheit.

Epheser 5,9

Lass mich in die himmel entschweben!
Du heb dich vom grund als gesunder!
Bezeuge und preise mein wunder
Und harre noch unten im leben!

Stefan George

Wenn sich in der Seele Schweigen einstellt,
heißt das, in Gott ausruhen, an die Oase
ankommen, wo unser Durst gestillt wird.

Frère Roger Schutz

Jeder angenehme Augenblick hat Wert
für mich – Glückseligkeit besteht nur in
Augenblicken. Ich wurde glücklich,
da ich das lernte.

Caroline Schlegel

Es ist unmöglich, dass ein Mensch ohne Religion seines Lebens froh werde.

Immanuel Kant

Von deinen Sinnen hinausgesandt,
geh bis an deiner Sehnsucht Rand;
gib mir Gewand.

Rainer Maria Rilke

Denn wir wandeln im Glauben,
und nicht im Schauen.

2. Korinther 5,7

Du sollst dir kein Bildnis noch irgendein Gleichnis machen, weder von dem, was oben im Himmel, noch von dem, was im Wasser unter der Erde ist.

2. Mose 20,4

St-Trophime, Arles, Frankreich

Du bist so groß, dass ich schon nicht mehr bin,
wenn ich mich nur in deine Nähe stelle.

Rainer Maria Rilke

Das war das wahrhaftige Licht,
das alle Menschen erleuchtet, die in
diese Welt kommen.

Johannes 1,9

Da befahl der König, Daniel herzubringen.
Und sie warfen ihn zu den Löwen in die Grube.
Der König aber sprach zu Daniel: Dein Gott,
dem du ohne Unterlass dienst, der helfe dir!

Daniel 6,17

Abtei Sant' Antimo, Pienza, Italien

Aber die Liebe ist wie ein Licht, und nur in seinen Strahlen kann ich die Dinge klar sehen.

Katherine Mansfield

Es ist nicht das Ende, es ist aber der Weg ...

Martin Luther

Jedes Geschöpf ist mit einem anderen verbunden,
und jedes Wesen wird durch ein anderes gehalten.

Hildegard von Bingen

Abtei Sant' Antimo, Pienza, Italien

Nichts soll dich verwirren,
Nichts dich erschrecken.
Alles geht vorbei.
Gott allein bleibt der selbe.
Die Geduld erreicht alles.
Wer Gott hat, dem fehlt nichts:
Gott allein genügt.

Theresia von Avila

St-Trophime, Arles, Frankreich

Doch du hattest meine Finsternis noch nicht erleuchtet.

Augustinus

Ohne Sterben kommt man nicht zum Leben
Und ohne Leiden nicht zum Tod:
Willst du dem Leiden widerstreben,
So machst du dir nur größre Not.

Gerhard Tersteegen

Benediktiner Stift Kremsmünster, Österreich

Da sprach Jesus zu seinen Jüngern: Will mir jemand nachfolgen, der verleugne sich selbst und nehme sein Kreuz auf sich und folge mir.

Matthäus 19,24

Zisterzienser Stift Zwettl, Österreich

Mach mich zum Wächter deiner Weiten,
mach mich zum Horchenden am Stein,
gib mir die Augen auszubreiten
auf deiner Meere Einsamsein.

Rainer Maria Rilke

Das ist das wundersame Spiel der Kräfte,
dass sie so dienend durch die Dinge gehen.

Rainer Maria Rilke

Die Stunde ist kostbar. Warte nicht auf eine spätere, gelegenere Zeit.

Katharina von Siena

Denn die göttliche Traurigkeit wirkt zur
Seligkeit eine Reue, die niemand gereut;
die Traurigkeit aber der Welt wirkt den Tod.

2. Korinther 7,10

Also hat Gott die Welt geliebt, dass er seinen eingeborenen Sohn gab, damit alle, die an ihn glauben, nicht verloren werden, sondern das ewige Leben haben.

Johannes 3,16

Weisheit der Bücher

Dann wandte sich mein Herz an die Weisheit, die Tochter der Liebe und der Schönheit, und bat: »Gib mir die Weisheit, damit ich sie den Menschen bringe.« – Sie antwortete: »Sag ihnen, dass das Glück im Allerheiligsten der Seele beginnt und nicht von außen kommt!«

Gibran Khalil

Ohne Grenzen, Grund und Schranken
Ist der Raum durch Gottes Hand
Über aller Welt Gedanken
Unbegreiflich ausgespannt.

Barthold Heinrich Brockes

... sich an der wohlklingenden Sprache
schöner Bücher erfreuen ...

Augustinus

... die Gesamtheit der Dinge, von welcher sie Teile sind, besteht nicht zugleich, sondern indem die einen abgehen, andere sie ersetzen, bringen sie sämtlich das Universum zu einer Ausgestaltung, dessen Teile sie sind.

Augustinus

Was irren meine Hände in den Pinseln?
Wenn ich dich male, Gott, du merkst es kaum.

Rainer Maria Rilke

Gott liebt nur den, der mit der Weisheit zusammenwohnt. Sie ist schöner als die Sonne und übertrifft jedes Sternenbild. Sie ist strahlender als das Licht der Sonne.

Hildegard von Bingen

Er möchte sich wiedergewinnen
aus seinen Melodien.
Da komm ich zu seinen Knien:
und seine Lieder rinnen
rauschend zurück in ihn.

Rainer Maria Rilke

Offertorium
Ueritas mea et.
Communio
Ego autem

... dass es eine Wahrheit gebe, die
durch Vermittlung der geschaffenen Dinge
im Denken erfasst wird.

Augustinus

Ich lese es heraus aus deinem Wort,
aus der Geschichte der Gebärden,
mit welchen deine Hände um das Werden
sich ründeten, begrenzend, warm und weise.
Du sagtest leben laut und sterben leise
Und wiederholtest immer wieder: Sein.

Rainer Maria Rilke

Benediktinerstift Admont, Österreich

Der Mensch sieht mit den Augen, was er durch die Weisheit versteht, und erfasst es durch Hören, Riechen und Schmecken.
Was sich aber in seinem Herzen sammelt, das weiß er durch das Erkennen.

Hildegard von Bingen

Denn wo euer Schatz ist, da wird auch euer Herz sein.

Lukas 12,34

Wohin hätte ich fliehen können weg von mir?
Wohin wäre ich nicht nachgefolgt?

Augustinus

Benediktinerabtei Einsiedeln, Schweiz

Uns, die wir nicht sehen auf das Sichtbare,
sondern auf das Unsichtbare.
Denn was sichtbar ist, das ist zeitlich; was aber
unsichtbar ist, das ist ewig.

2. Korinther 4,18

... bis ich die klare und deutliche Wahrheit finde.
Aber wo soll ich suchen und wann?

Augustinus

Bibl.1D
49
Bibl.3
37
1
TOMUS I
CALMET
COMMENT.
IN V. T.

Im Anfang war das Wort, und das Wort war bei Gott, und Gott war das Wort.

Johannes 1,1

Einander gegenseitig etwas lehren oder gegenseitig voneinander lernen, die Abwesenden ungern entbehren, die Ankommenden freudig empfangen.

Augustinus

euangelio·d
uerba moc
vel redargu
nec quid lo
bare quod

Wer diese Rede nicht versteht, der bekümmere sein Herz nicht damit. Denn solange der Mensch dieser Wahrheit nicht gleicht, solange wird er diese Rede nicht verstehen. Denn es ist eine unverhüllte Wahrheit, die da gekommen ist aus dem Herzen Gottes unmittelbar.

Meister Eckhart

Im Anfang
hoch über Verstehn
ist je das Wort.
O reicher Schatz,
wo Anfang Anfang stets gebar!

Meister Eckhart

Irdisches Vergnügen in Gott

Weil wir nur wenige Züge von dem unermesslichen Teppich sehen, an welchem der Erdgeist die Zeiten hindurch webt, darum lass uns bescheiden sein.

Karoline von Günderode

Komm, Trost der Nacht, o Nachtigall!
Lass deine Stimm' mit Freudenschall
Aufs lieblichste erklingen;
Komm, komm und lob den Schöpfer dein.

Hans Jakob Christoffel von Grimmelshausen

Des niedern Buchsbaum festes Laub,
Wodurch der Menschen Witz und Fleiß
Den leeren dunkelbraunen Staub
So künstlich einzuschränken weiß.

Barthold Heinrich Brockes

Die Ros' ist ohn' Warum, sie blühet, weil sie blühet. Sie achtet nicht ihrer selbst, fragt nicht, ob man sie siehet.

Angelus Silesius

Man merkt nie, was schon getan wurde, man sieht immer nur das, was noch zu tun bleibt.

Marie Curie

Was ist, was lebt und webet,
Das ist, das webt und lebet
In Gott, dem Born des Lichts.
Ja, ohne sein Erhalten
Würd alles gleich veralten,
Fiel' alles in sein vorigs Nichts.

Barthold Heinrich Brockes

Unser Ziel ist zugleich der Weg zum Ziele, während wir es darüber hinaus suchen und an ihm achtlos vorübergehen.

Elisabeth von Österreich

Liebe erweckt wieder Liebe.

Theresia von Avila

Und aus den Wiesen steiget
Der weiße Nebel wunderbar.

Matthias Claudius

Wer da ärgerlich säet, der wird auch ärgerlich ernten; und wer da säet im Segen, der wird auch ernten im Segen.

2. Korinther 9,6

Wer Gott recht finden will,
muss sich zuvor verlieren
und bis in Ewigkeit nicht wieder sehn
noch spüren.

Angelus Silesius

Dies Lob der Fluren und der Stille
Sang Damon, und sein ernster Wille
War, sich dem Hofe zu entziehn.

Johann Wilhelm Ludwig Gleim

Du bist die Liebe in allen Lebewesen,
Du bist die Ordnung in allem, was ist.

Mechthild von Magdeburg

Wir sind nicht auf der Erde,
um ein Museum zu hüten,
sondern um einen Garten zu pflegen,
der von blühendem Leben strotzt
und für eine schöne Zukunft bestimmt ist.

Johannes XXIII.

Salesianer Don Boscos Kloster, Benediktbeuern

Du suchst das Paradies und wünschest hinzukommen,
wo du von allem Leid und Unfried' bist entnommen.
Befriedige dein Herz und mach es rein und weiß:
So bist du selbst noch hier dasselbe Paradeis.

Angelus Silesius

Geh aus, mein Herz, und suche Freud
in dieser lieben Sommerszeit
an deines Gottes Gaben:
Schau an der schönen Gärten Zier,
und siehe, wie sie mir und dir
sich ausgeschmücket haben.

Paul Gerhardt

Zisterzienserabtei Sénanque, Vaucluse, Frankreich

Die Schale muss zerbrechen, und das, was drin ist, muss herauskommen. Denn willst du den Kern haben, so musst du die Schale zerbrechen.
Willst du die Natur unverhüllt finden, so müssen die Gleichnisse alle zerbrechen, und je weiter man eindringt, umso näher ist man dem Sein.
Wenn die Seele das Eine findet, in dem alles eins ist, da verharrt sie in diesem Einen.

Meister Eckhart

Es war, als hätt der Himmel
Die Erde still geküsst,
Dass sie im Blütenschimmer
Von ihm nun träumen müsst.

Joseph von Eichendorff

Die güldne Sonne
Voll Freud und Wonne
Bringt unsern Grenzen
Mit ihrem Glänzen
Ein herzerquickendes liebliches Licht.
Mein Haupt und Glieder,
Die lagen darnieder,
Aber nun steh ich,
Bin munter und fröhlich,
Schaue den Himmel mit meinem Gesicht.

Paul Gerhardt

Wer so, wenn alles grünet,
der Gärten sich bedienet
und preiset Gott allein
in seinem Lustgebäude,
dem wird die Gartenfreude
des ewgen Gartens Vorschmack sein.

Barthold Heinrich Brockes

Gottes Botschaft ist immer die gleiche. Aber die Sprachen, in denen das ewige Wort ausgedrückt wird, sind unendlich vielfältig. Vielleicht hörst du die Botschaft in einem Apfelgarten, der in voller Blüte steht. Doch die gleiche Botschaft spricht sich auch in einem Waldbrand aus. Der Unterschied kann erschreckend sein, aber das gleiche Wort immer wieder in neuen Sprachen zu hören, macht aus dem Leben ein herrliches Spiel, ein göttliches Wortspiel.

David Steindl-Rast

Ora et labora - Bete und arbeite

Leitspruch des Benediktinerordens

Mich reiz', in tausend Freuden
Auch meinen Geist zu kleiden,
Der bunten Gärten Kleid!
Der Frühlingsblumen Prangen
Vermehre mein Verlangen
Nach jener selgen Herrlichkeit.

Barthold Heinrich Brockes

Augustiner-Chorherren Neustift, Eisacktal, Italien

Geliebte Blumen, doch so wandelbar, so flüchtig!
Ach, dass auch wir nicht minder nichtig,
hinfällig und vergänglich sein!

Barthold Heinrich Brockes

Gott ist ein Freund der Stille.
Seht, wie die Natur – Bäume, Blumen, Gras –
in der Stille wächst.
Je mehr wir im stillen Gebet empfangen,
desto mehr können wir
in unserem täglichen Leben geben.

Mutter Teresa

Ein wenig Übermut im Frühling ist
selbst dem König bekömmlich.

Emily Dickinson

Denn auch der Menschen Werke
Sind Zeugen Deiner Stärke;
Der Schöpfer wirkt durch sie.
Aus Gott allein entspringet
Auch was die Kunst vollbringet
Und alle Pracht der Symmetrie.

Barthold Heinrich Brockes

Seele, lass der Bäume Pracht
Dich zu ihrer Folge leiten!
Suche dich auf allen Seiten
In Gedanken auszubreiten.

Barthold Heinrich Brockes

Die Kräuter bieten einander den Duft ihrer Blüten an, ein Stein strahlt seinen Glanz auf die anderen, und alles, was lebt, hat einen Urtrieb nach liebender Umarmung.

Hildgard von Bingen

Die Freude ist ein Schmetterling,
der dicht über dem Boden flattert.

Edith Södergran

Still zu wissen, du gehst
Bald hinab zu den Vätern.
Oben im heiligen Blau
Fahren die Wolken im Wind.

Josef Weinheber

Efeu hat deine schlanke Götterbildung umkleidet!

Johann Wolfgang von Goethe

Irdisches Vergehen

Größer werden die Menschen nicht;
Doch unter den Menschen
Größer und größer wächst
Die Welt des Gedankens.
Strengeres fordert jeglicher Tag
Von den Lebenden.
Und so sehen es alle,
Die zu sehen verstehn,
Aus dem seligen Glauben des Kreuzes
Bricht ein andrer hervor,
Selbstloser und größer
Dessen Gebot wird sein:
Edel lebe und schön,
Ohne Hoffnung künftigen Seins
Und ohne Vergeltung,
Nur um der Schönheit des Lebens willen.

Theodor Storm

Lass deinen Sinn nicht dies und das zerstreuen,
Dein Geist muss ganz in Gott gesammelt sein.
Soll, Seele, dich ein tiefer Fried erfreuen,
So lass ihn gehn stets in das Eine ein.
Da findest du Altar und Tempel schon zu sehen,
Der Priester pflegt da stets im Schmuck vor Gott zu stehen.
Geh aus dir selbst und deiner Eigenheit,
So bist du in der Welt von Welt befreit.

Gottfried Arnold

CHRISTOPHER

Wie wunderbar:
Draußen stehen wie drinnen,
begreifen und umgriffen zu werden,
schauen und das Geschaute selbst sein,
halten und gehalten werden.

Meister Eckhart

Jedburgh Abbey, Borders, Schottland

Dein ewig heller Glanz sei vor und neben mir!

Andreas Gryphius

Zisterzienserabtei San Galgano, Italien

Die Fähigkeit zu zweifeln, ist etwas Besonderes,
sie ist erlesen, philosophisch, amoralisch, übersinnlich,
ungeheuerlich ...

Anatole France

IN MEMORY OF

Gott also ist unsere Zuflucht. Er wohnt im Himmel, ist über die Himmel erhoben: Darum müssen wir von hier nach dorthin fliehen, wo Friede ist und Ruhe von allen Mühen und Plagen. Wenn wir aber zu Gott geflohen sind, wie sollten wir dann zur Erde zurückkehren?

Ambrosius

Die Frucht aber des Geistes ist Liebe, Freude, Friede, Geduld, Freundlichkeit, Gütigkeit, Glaube, Sanftmut, Keuschheit.

Galater 5,22

In allen übrigen Wesen ist Gott als Wesen, als Tätigkeit, als Empfinden, aber nur in der Seele gebiert er sich. Alle Kreaturen sind eine Fußstapfe Gottes, aber die Seele ist in ihrer Natur Gottes Ebenbild.

Meister Eckhart

St. Columba's Abbey, Iona, Schottland

Blicke in dein Inneres! Da drinnen ist eine Quelle des Guten, die nimmer aufhört zu sprudeln, wenn du nur nicht aufhörst nachzugraben.

Mark Aurel

Jedburgh Abbey, Borders, Schottland

Der Himmel senkt sich,
er kommt und wird zu Erden:
Wann steigt die Erd' empor,
und wird zum Himmel werden?

Angelus Silesius

Zisterzienserabtei San Galgano, Italien

So wird die Lieb in uns mächtig und grot,
Durch Kreuz, durch Leiden, durch allerlei Not.

Anonymus

Der Mensch hat eher nicht vollkommne Seligkeit,
bis das die Einheit verschluckt die Anderheit.

Angelus Silesius

Sweatheart-Abbey, Dumfries, Schottland

Während ich so zu mir sprach und die Stimmungen umschlugen wie der Wind und mein Herz hier hin und dort hin stießen, verging die Zeit.

Augustinus

Der eigentliche Kern
der Freundschaft:
ein Glaube, ein Hoffen,
ein gemeinsames Werk!
Es liegt eine
große Freude dabei.

Annette von Droste-Hülshoff

Mählich dein Bild, und bald – wer noch wüsste von dir!
Denn so schwindet der Menschen Gedächtnis:
Siehe noch einmal ...

Theodor Storm

Jerpoint Abbey, Co. Kilkenny, Irland

Staunest, Fremdling,
Diese Stein' an?
Droben sind der Steine viel
Um meine Hütte.

Johann Wolfgang von Goethe

Skellig Michael Klosteranlage, Skellig Islands, Irland

Und in meinem Innern stritt mit dem Überdruss am Leben die stärkste Furcht vor dem Tode.

Augustinus

Die Zeiten sind nicht leer, und sie rollen nicht spurlos durch unser Empfinden. Wunderbares bewirken sie im Gemüte.

Augustinus

Kloster St. Odilienberg, Frankreich

Es ist aber nichts verborgen, das
nicht offenbar werde, noch heimlich,
das man nicht wissen werde.

Lukas 12,2

St. Antonius
bitte für uns
AE
AD
19
11

Wenn du mit schweigender Zunge in die Einsamkeit gehst, wird das Schweigen der stummen Wesen dir etwas von ihrer Ruhe mitteilen. Wenn du aber mit schweigendem Herzen in die Einsamkeit gehst, wird das Schweigen der Schöpfung lauter reden als Menschen- oder Engelszungen.

Thomas Merton

Glendalough, Wicklow Mountains, Irland

Die Zeit ist kurz bemessen. Deshalb sollten die Verheirateten leben, als seien sie nicht verheiratet, und die Trauernden, als trauerten sie nicht; die Fröhlichen, als seien sie nicht fröhlich; die etwas erwerben, als besäßen sie nichts; die mit der Welt verkehren, als verkehrten sie nicht mit ihr. Denn die Gestalt dieser Welt vergeht.

1. Korinther 7,29

Zisterzienserabtei San Galgano, Italien

Es kam einmal ein Mensch zu mir und sagte, er habe große Dinge hinweggegeben an Grundbesitz, an Habe um dessentwillen, dass er seine Seele rette.
Da dachte ich: Ach, wie wenig und Unbedeutendes hast du gelassen! Es bleibt Blindheit und Torheit, solange du irgendwie auf das schaust, was du gelassen hast.
Hast du dich aber selbst gelassen, so hast du wirklich losgelassen.

Meister Eckhart

Glendalough, Wicklow Mountains, Irland

Eia, liebe Taube,
deine Füße sind rot,
dein Gefieder ist glatt,
dein Mund ist ebenmäßig,
deine Augen sind schön,
dein Haupt ist wohlgeformt,
deine Gangart ist anmutig,
dein Fuß ist schnell,
doch bist du allzu rasch zurück auf der Erde.

Mechthild von Magdeburg

Was ist Ewigkeit? Sie ist nicht dies, nicht das,
nicht nun, nicht jetzt, nicht Nichts,
sie ist, ich weiß nicht was.

Angelus Silesius

... ich mag es trotzdem nicht diesem meinem Leben hinzuzählen, dass ich in der Zeitlichkeit lebe.

Augustinus

Sweatheart-Abbey, Dumfries, Schottland

Wer ganz genießt, der lebt wirklich.

Karoline von Günderode

Herr, du bist groß und hoch zu loben; groß ist deine Macht, deine Weisheit ist ohne Ende. Und dich zu loben wagt der Mensch, ein winziger Teil deiner Schöpfung ...

Augustinus

Cong Abbey, Co. Mayo, Irland

Verzeichnis der Ordensgemeinschaften

Augustiner

Die Mönche der Augustinerorden leben nach den Regeln des Augustinus von Hippo (354–430). Augustiner Chorherren und -frauen gibt es seit dem 11./12. Jahrhundert. Chorherren sind Priester, die in einer »Vita communis« (gemeinschaftlichem Leben) arbeiten und beten. Die Synoden von 1059 und 1063 hatten die Geistlichen ausdrücklich ermahnt, in Armut, Keuschheit und Gehorsam ihr Mönchsein mit dem aktiven Leben in der Laiengemeinschaft zu verbinden und sich nicht von der Welt abzukehren. Martin Luther (1483–1546) lebte, bevor er der große Reformator wurde, in strenger Askese im Erfurter Augustiner-Eremitenkloster.

Augustinus-Zitate: *S. 30, 60, 63, 65, 68, 98,103, 108, 125, 142, 154, 163, 196, 216, 219, 227, 234, 238, 242, 336, 345, 346, 360, 364; Luther: S. 24, 67, 191.*

Abbildungen: *Augustiner-Chorherren Neustift: S. 69, 140, 143, 156, 169, 225, 236, 283, 293, 310*

Beginen

Beginen sind im eigentlichen Sinn kein Orden. Die Frauen, die ein Gelübde auf Zeit ablegen, führen in so genannten Beginenhöfen ein andächtiges Leben. Die ersten selbstständigen, demokratisch organisierten Gemeinschaften entstanden im 12. Jahrhundert. Sie mussten sich dem Schutz eines Ordens unterstellen: In der Regel waren dies der Dritte Orden von Franziskus oder Dominikaner. Beginenhäuser gibt es heute noch in Belgien und Holland.

Der Beginenhof in Brügge und 11 andere in Flandern gehören zum UNESCO-Weltkulturerbe. Während der Kreuzzüge wurden vor allem Witwen und Unverheiratete Beginen, die zum Teil durch die Herstellung von Wäsche und Handarbeiten erfolgreich wirtschafteten, aufgenommen.

Zitate: *Mechthild von Magdeburg: S. 145, 149, 160, 164, 273, 356.*

Benediktiner

Die Mönche und Nonnen leben nach den Regeln des Benedikt von Nursia, der 529 das Kloster von Montecassino gegründet hat. Weitere 11 Klöster entstanden im frühen 6. Jahrhundert in Subiaco. Der Tagesablauf ist wie folgt geregelt: Die Nachtruhe beträgt sieben bis acht Stunden, je nach Jahreszeit und kirchlichen Feiertagen werden vier bis acht Stunden täglich für das Gebet aufgewendet, und in der übrigen Zeit wird zu gleichen Teilen gearbeitet, besonders im Garten, und studiert. Der Leitgedanke »Ora et labora« (bete und arbeite) wird als spirituelle Aufwertung der Arbeit verstanden. Der Abt hat weitgehende Vollmachten, muss sich aber in bestimmten Fragen auch mit der Gemeinschaft beraten. 50 Benediktiner wurden zum Papst gewählt.

Benediktiner kleiden sich in eine schwarze, gegürtete Tunika; dazu kommt ein schwarzes Skapulier mit Kapuze und schwarzer Flocke. Dem Orden gehören zur Zeit etwa 11 000 Männer und 25 000 Frauen an. In Deutschland ist er der größte mit knapp 2000 Mitgliedern: Sie leben in 37 Niederlassungen von 28 rechtlich selbstständigen Abteien und Prioraten.

Abbildungen: *Benediktinerstift Admont: S. 102, 229, 239, 263, 295, 299, 333; Benediktinerabtei Stift Altenburg: S. 128, 165, 206, 260; Benediktinerkloster Andechs: S. 13, 134; Benediktiner Erzabtei St. Martin, Beuron: S. 18, 44, 147, 301; Benediktinerabtei Einsiedeln: S. 14, 64, 212, 222, 235, 244, 247; Benediktinerabtei Ettal: S. 23, 101, 137, 139, 158, 349; Benediktinerinnenabtei Frauenwörth Chiemsee: S. 255, 296, 325; Benediktinerabtei Stift Göttweig: S. 189, 309; Benediktinerinnenkloster Habsthal: S. 276, 321; Benediktiner Stift Kremsmünster: S. 62, 109, 199, 205, 218, 284; Benediktinerabtei Maria Laach: S. 34, 40, 54, 86, 123, 226, 251; Benediktinerkloster Mariastein: 94, 96, 151, 155, 291; Benediktinerabtei Niederaltaich: S. 57, 107, 217, 233, 288; Benediktinerkloster St. Ansgar,*

Nütschau: S. 221, 248, 280, 287, 306, 344; Benediktinerabtei Ottobeuren: S. 117, 126; Benediktinerabtei Plankstetten: S. 9, 121; Benediktinerabtei Schäftlarn: S. 240; Benediktinerabtei Seckau: S. 37, 53, 61, 178, 272; Benediktinerabtei St. Martinus, Weingarten: S. 28, 114, 118, 124, 131, 177; Benediktinerabtei Weltenburg: S. 39, 148, 190, 214

Dominikaner

1214 gründete der Spanier Dominikus Guzman den Orden, der in Südfrankreich, zur radikalen Armut verpflichtet, wirkte und sich später in Toulouse niederließ. Bereits 1205 hatte er einen weiblichen Orden gestiftet, der sich selbst als »Zweiten Orden« bezeichnet. In der ersten männlichen Gemeinschaft lebte Dominikus mit 16 Schülern.

Im Jahr 1216 bestätigte Papst Honorius III. den Orden des Spaniers. Nach 1217 entstanden viele weitere Gemeinschaften in Frankreich, Spanien, England, Schottland, Irland, Italien, Böhmen, Russland, Griechenland und Grönland.

Neben einem Leben als Wanderprediger in Armut und Gehorsam stand die Volksbildung im Vordergrund. In ihren Predigten wandten sich die Dominikaner insbesondere gegen die so genannten Ketzer, und ab 1231 leiteten sie die Inquisition. Ab 1620 erteilten sie als »Meister des Heiligen Palastes« Druckerlaubnis bzw. das Verbot sämtlicher kirchlicher Bücher. Aufgrund dieser Amtsgewalt wurden sie auch gern in einem Wortspiel »Domini canes« (Spürhunde des Herrn) genannt.

Vier Päpste und über 60 Kardinäle waren Dominikaner. Zu ihrem Orden gehörten Maler wie Fra Angelico und Fra Bartolommeo, Theologen wie Thomas von Aquin und Albertus Magnus, Mystiker wie Meister Eckhart, Johannes Tauler und Heinrich Seuse und der Prediger Savonarola.

Heute gibt es weltweit über 6800 Dominikaner. Sie tragen eine weiße, gegürtete Tunika mit weißem Skapulier und schwarzem Mantel mit Kapuzenkragen und leben in etwa 600 Klöstern.

Zitate: *Katharina von Siena: S. 207; Meister Eckhart: S. 72, 84, 107, 127, 245, 246, 281, 317, 326, 355*

Franziskaner

Der Orden Ordo Fratrum Minorum (Orden der Minderen Brüder) geht auf die Gründung der Bruderschaft des Franziskus von Assisi 1210 und 1220 zurück. 1223 erkannte Papst Honorius III. die Gemeinschafts-Regeln an, in deren Mittelpunkt die Armut und eine einfache, natürliche Lebensweise steht. Nach dem Tod von Franziskus wurde über seinem Grab ein Kloster und eine Basilika errichtet. Da sich dieser Bau nicht mit dem Armutsideal des Ordens vereinbarte – Papst Gregor IX. hatte den Besitz von Geldern für den Bau von Klöstern erlaubt –, kam es 1517 zur Spaltung des Ordens: den Konventualen (Minoriten) war Besitz erlaubt, die Observanten (Franziskaner) lebten weiterhin nach den strengen Regeln des Franziskus und bilden heute die größere Gruppe. Später spalteten sich von ihnen noch die Kapuziner ab.

Franziskus Gefährtin Klara von Assisi gründete den Orden der Klarissen (Zweiter Orden). Die Laiengemeinschaften der Franziskaner bilden den Dritten Orden (Franziskanische Gemeinschaft). Diese so genannten Tertiare organisierten sich im 19. Jahrhundert in mehreren Kongregationen (u.a. Franziskanerinnen, Franziskusbrüder). Sie widmen sich vor allem karitativen Tätigkeiten sowie der Bildungsarbeit.

Ein für sechs Jahre gewählter Generalminister (Minister = Diener) steht den weltweit etwa 17 000 Ordensbrüdern vor. Vier Päpste (und ein Gegenpapst) waren bislang Franziskaner. In Deutschland leben etwa 900 Mitglieder in 127 Niederlassungen. Sie tragen graubraune (in warmen Gegenden weiße) Kutten mit Schulterkragen und Kapuze.

Siehe Zitate:
Franz von Assisi: S. 71

Kapuziner

Einen selbstständigen Zweig des Franziskanerordens bilden die Kapuziner (Ordo Fratrum Minorum Capuccinorum), die sich als Reformer verstanden und 1528 von Papst Clemens VII. anerkannt wurden. Sie haben sich zu radikalerer Armut verpflichtet und leben als »gemäßigte Eremiten«. In Neapel bildete sich 1538 die Schwesterngemeinschaft der Klarissen-Kapuzinerinnen. Neben ihrem seelsorgerischen, sehr volksnahen Apostolat in wortgewaltigen Bußpredigten (Kapuzinerpredigt) gilt ihr Hauptanliegen den Armen, den in Notgeratenen und Kranken.

Kapuziner, weltweit knapp 12 000, sind Bartträger und kleiden sich in ein mit dem Strick gegürtetes braunes Habit mit Kapuze, von der sie auch ihren Namen haben.

Abbildungen im Band:

Kapuzinerkloster Stühlingen: S. 267, 305, 338

Prämonstratenser

Norbert von Xanten, der spätere Erzbischof von Magdeburg, gründete 1121 in Prémontré den Prämonstratenserorden, der fünf Jahre später von Papst Honorius anerkannt wurde.

In der Anfangszeit gab es Klöster für Männer und Frauen. Die »Norbertiner« nannten sich bald in Ableitung ihres Gründungsortes »Prämonstratenser«. Sie verstehen sich nicht als Mönchsorden, sondern als eine Gemeinschaft von regulierten Kanonikern und Laienbrüdern und sind auch nicht zentral organisiert. Ihre Regeln sind denen der Augustiner verwandt und ihr Leitgedanke lautet: »Ad Omnia Paratus« (nach 2. Timotheusbrief 3, 17: »Der Mensch Gottes vollkommen sei, zu jedem guten Werke völlig ausgerüstet«).

Prämonstratenser arbeiten als Prediger und Seelsorger auch sehr stark karitativ. Der regionalen Zusammenschlüsse von Klöstern steht ein Generalabt und das Generalkapitel vor. Der Orden missionierte vor allem im

Osten Europas. Nach der Reformation ging die Hälfte der Klöster verloren, während der Französischen Revolution wurde der Orden fast vernichtet. Die Prämonstratenser, die eine weiße Tunika, ein weißes, bandartiges Zingulum und weißes Skapulier tragen, kamen erst 1921 nach Deutschland zurück.

Abbildungen im Band:
Prämonstratenser Stift Geras: S. 20, 166, 368

Salesianer

Vier Hauptkongregationen (für Männer oder Frauen) gehören zu den Salesianern:

1. Frauen von der Heimsuchung Mariens: 1610 gegründet von Johanna Franziska de Chantal und Franz von Sales. Der kontemplative Orden ist der tätigen Nächstenliebe verpflichtet. Die Tracht der Nonnen ist schwarz mit silbernem Brustkreuz.

2. Oratorium vom Heiligen Franz von Sales: 1846 gegründet von Johannes (Don) Bosco, 1874 von Papst Pius IX. bestätigt. Seit 1859 ist der Orden eine Kongregation zur Förderung schwererziehbarer Jugendlicher. Zu Lebzeiten Don Boscos gab es 250 Häuser, in denen 130 000 Jungen lebten; es wurden jährlich 18 000 Lehrlinge ausgebildet und 6 000 wurden Priester. Der weibliche Zweig wurde 1872 gegründet.

3. Oblatinnen des Heiligen Franz von Sales: 1866 gegründet von Franziska Salesia Aviat und Aloisius Alexander Brisson, dem Beichtvater im Nonnenkloster von Troyes.

4. Oblaten des Heiligen Franz von Sales: 1875 wurde nach langem Drängen der Marie de Sales Chappuis diese Priestergenossenschaft gegründet. Hauptaufgaben sind die Erziehung der Jugend und die Seelsorge. 1897 wurde der männliche Zweig vom Papst bestätigt, 1911 der weibliche Zweig.

Abbildungen im Band:
Salesianer Don Boscos Kloster Benediktbeuern: S. 50, 83, 275

Trappisten

Der im 17. Jahrhundert aus dem Zisterzienserorden entstandene Reformorden unterwirft sich strengen Schweige-Regeln und weltabgeschiedenen Buß- und Gebetsübungen.

Armand Jean Le Bouthillier de Rancé führte 1662 im Zisterzienserkloster La Trappe die strenge Askese ein. Die Mönche, die sich an die neuen Regeln hielten, erhielten den Namen Trappisten: Um 1700 lebten in La Trappe 90 Mönche. Fünf andere Abteien und ein Frauenkonvent hatten ebenfalls das Schweigegebot übernommen. 1792 flüchteten die von der Französischen Revolution vertriebenen Trappisten in die Schweiz, nach Russland und nach Deutschland. 1814 kehrten einige nach Frankreich zurück. 1892 wurden die Zisterzienserklöster, die das Schweige-Gebot übernommen hatten, zum eigenständigen Orden vereinigt. 1902 nannten sie sich »Reformierte Zisterzienser« oder »Zisterzienser der strengen Observanz«. Eine Aufweichung der Regeln erfolgte erst nach dem 2. Vatikanischen Konzil.

Zum Tagesablauf der Trappisten, die nach den traditionellen Regeln leben und weder Fleisch, Fisch noch Eier essen, gehören das Gebet, Lektüre – De Rancé hatte sogar jegliche intellektuelle Arbeit untersagt – und Handarbeit in völliger Stille.

Zum Orden gehören Laien wie Kleriker. Die Trappisten haben ein weißes Ordensgewand, mit naturfarbenem Gürtel und schwarzem Schulterkleid. Es gibt auch Trappistinnen. Weltweit gibt es etwa 60 Trappistenklöster mit etwa 3000 Mönchen und Nonnen.

Siehe Zitat:
Thomas (Feverel) Merton: S. 350

Zisterzienser

Benediktiner gründeten 1098 in Cîteaux den Sacer Ordo Cisterciensis (SOC) im Kloster Molesme. Ihr Abt Robert von Molesme legte die Ordensregeln nach den Vorgaben von Benedikt von Nursia fest: strenge Askese und Handarbeit. Einnahmen aus der Verpachtung von Ländereien lehnte er ab. 1100 wurde der Orden von Papst Paschalis II. anerkannt.

Mit Abt Stephan Harding wurde die Nächstenliebe in die Regeln aufgenommen. Zur schnellen Verbreitung der Zisterzienser trug vor allem Bernhard von Clairvaux bei. Der einflussreichste geistige Kirchenlehrer seiner Zeit war 1113 als Novize in das Kloster Cîteaux eingetreten und wurde 1115 Gründerabt von Clairvaux. Um1153 gab es über 300 Zisterzienserklöster, 68 waren von Clairvaux aus gegründet worden. Darüber hinaus gab es auch Frauenklöster, die in geschlossener Klausur lebten.

Am des Ende Mittelalters gab es 700 Zisterzienserabteien, deren Mönche Land urbar machten, die gotische Architektur in ganz Europa förderten und Bibliotheken aufbauten. Sie hatten Bistümer und Legatenämter von den Benediktinern des Klosters Cluny übernommen und lösten diese auch in der römischen Kurie ab.

Im Laufe der Jahrhunderte hatte sich der Orden immer mehr von seinen asketischen Idealen entfernt. Im 17. Jahrhundert setzte daraufhin eine Reformbewegung ein, die zur Gründung der Trappisten (Zisterzienser der strengen Observanz) führte. Der ursprüngliche Orden erhielt den Beinamen »Zisterzienser der allgemeinen Observanz«.

Zur weißen, schwarz gegürteten Ordenstracht gehören ein schwarzes Skapulier mit Kapuze und weißer Flocke.

Eine Besonderheit ist das Evangelische Zisterzienserkloster in Loccum. 1163 hatten 12 Zisterzienser-Mönche und ein Abt in der moorigen Gegend um die verfallene Luccaburg ein Kloster gegründet. Im Zuge der

Reformation wurde es 1593 ein evangelisch-lutherisches Predigerseminar, das sich bis in die Gegenwart seine klösterliche Verfassung (Abt, Prior, Konvent) bewahren konnte. 1924 wurde Loccum in die Evangelisch-lutherische Landeskirche Hannover eingegliedert. Der jeweilige Landesbischof war zugleich auch der Abt des Klosters. Die gegenwärtige Landesbischöfin gehört aber nur dem Konvent an; das Amt des Abtes wird von einem Mann versehen.

Abbildungen im Band:

Zisterzienserabtei Himmerod:. 58, 77, 133, 162, 302, 315
Zisterzienserabtei Klosterstift St. Marienthal: . 43, 113, 144, 153, 256, 312, 357, 367
Zisterzienserabtei Le Thoronet: 252
Zisterzienserabtei San Galgano: 197, 319, 331, 353
Zisterzienserabtei Sénanque, Vaucluse: 49, 85, 279
Zisterzienserkloster St. Marienstern: 27, 181, 183, 230,
Zisterzienser Stift Zwettl: 99, 170, 173, 201
Evangelisches Zisterzienserkloster Loccum: 24, 90, 105, 202, 210, 243, 268, 271, 363

Autoren und Literaturhinweise

Ambrosius *(um 340–397)*
Lateinischer Kirchenlehrer, 374 zum Bischof von Mailand gewählt.
Einsichten des Glaubens. Texte der Kirchenväter. Herausgegeben von Alfons Heilmann u.a. München 1968. (Zitat S. 323)

Gottfried Arnold *(1666–1714)*
Mystisch-spiritualistischer Theologe (Pietist).
Sämtliche geistlichen Lieder. Herausgegeben von C. E. Ehmann. Stuttgart 1856. (Zitat S. 314)

Aurelius Augustinus *(354–430)*
(Augustinus von Hippo), lateinischer Kirchenlehrer des Altertums.
Bekenntnisse des Augustinus. Übersetzt von Georg Freiherr von Hertling. Freiburg 1905. (Zitat S. 30, 60, 63, 65, 68, 98,103, 108, 125, 142, 154, 163, 196, 216, 219, 227, 234, 238, 242, 336, 345, 346, 360, 364)

Mark Aurel *(121 -180)*
Marcus Aurelius Antoninus römischer Kaiser (seit 161)
Selbstbetrachtungen. Übersetzt von Wilhelm Capelle. Stuttgart 2001. (Zitat S. 329)

Bibel-Zitate
Die Bibel oder die ganze Heilige Schrift des Alten und Neuen Testaments, nach der deutschen Übersetzung D. Martin Luthers. Durchgesehen nach dem von der Deutschen evangelischen Kirchenkonferenzen genehmigten Text. Neue Oktavausgabe. Preußische Haupt-Bibelgesellschaft. Berlin 1911.
Daniel, 6,17 (Zitat S. 186)
Epheser 5,9 (Zitat S. 167)
Galater 5,22 (Zitat S. 324)
Genesis 1,3-4 (Zitat S. 81)
Johannes 1,1 (Zitat S. 241)
Johannes 1,9 (Zitat S. 185)

Johannes 3,16 (Zitat S. 211)
1. Johannes 1,7 (Zitat S. 33)
1. Johannes 5,4 (Zitat S. 48)
Lukas 11,9 (Zitat S. 35) + 10
(Zitat S. 91)
Lukas 12,34 (Zitat S. 232)
Lukas 12,2 (Zitat S. 348)
1. Korinther 13 (Zitat S. 138)
1. Korinther 7,29 (Zitat S 352)
2. Korinther 3,17 (Zitat S. 79)
2. Korinther 4,18 (Zitat S. 237)
2. Korinther 5,7 (Zitat S. 179)
2. Korinther 7,10 (Zitat S. 208)
2. Korinther 9,6 (Zitat S. 266)
Matthäus 6,11 (Zitat S. 159)
Matthäus 7,14 (Zitat S. 120)
Matthäus 19,24 (Zitat S. 200)
2. Mose 20,4 (Zitat S. 180)
Offenbarung 14,2 (Zitat S. 88)
Psalm 51,17 (Zitat S. 76)
1.Timotheus 6,7 (Zitat S. 52)

Ludwig Börne *(1786–1837)*

(ursprünglich Löb Baruch), Schriftsteller.
Sämtliche Schriften. Herausgegeben von I. P. Rippmann. Neu-Isenburg 1977. (Zitat S. 150)

Don Bosco *(1815–1888)*

(eigentlich Giovanni Bosco), italienischer Priester und Pädagoge, Gründer der Kongregation der Salesianer Don Boscos, für die Erziehung der Mädchen die der Töchter Mariens. 1934 heilig gesprochen (Tag: 31.1.).
Pädagogik der Vorsorge. Herausgegeben von K.G. Fischer und M. Borelli (1966). (Zitat S. 51)

Barthold H(e)inrich Brockes *(1680–1747)*

Dichter, hamburgischer Senator und Amtmann in Ritzebüttel.
Irdisches Vergnügen in Gott. Stuttgart 1979. (Zitat S. 59, 136, 215, 253, 258, 286, 292, 294, 300, 303)

Matthias Claudius *(1740–1815)*

Dichter.
Sämtliche Werke. Herausgegeben von J. Perfahl (1984). (Zitat S. 265)

Marie Curie *(1867–1934)*

Französische Naturwissenschaftlerin.
Marie Curie. Mit Selbstzeugnissen und Bilddokumenten. Herausgegeben von Peter Ksoll. Reinbek 2003. (Zitat S. 257)

Emily Dickinson *(1830–1886)*

Amerikanische Lyrikerin.
Guten Morgen, Mitternacht. Gedichte und Briefe (1987). (Zitat S. 298)

Annette von Droste-Hülshoff *(1797–1848)*

Dichterin.

Werke in einem Band. Herausgegeben von C. Heselhaus (1995). (Zitat S. 339)

Eckhart *(1260-1328)*

Philosoph und Theologe.

Deutsche Predigten und Traktate. Übersetzt und herausgeben von Josef Quint. München 1955. (Zitat S. 72, 84, 107, 127, 245, 246, 281, 317, 326, 355)

Joseph von Eichendorff *(1788–1857)*

Schriftsteller.

Werke. Herausgegeben von Wolfgang Frühwald u. a. (1985-93) (Zitat S. 282)

George Eliot *(1819–1880)*

(eigentlich Mary Ann Evans), englische Schriftstellerin.

Scenes of clerical life (1858; Bilder aus dem kirchlichen Leben Englands) (Zitat S.132)

Elisabeth von Österreich *(1837–1898)*

Kaiserin von Österreich und Königin von Ungarn.

Constantin Christomanos: Elisabeth von Österreich. Die Tagebuchblätter. Frankfurt/Main 1993. (Zitat S. 261)

Anatole France *(1844–1924)*

französischer Schriftsteller.

Insel der Pinguine. In: Gesammelte Schriften (1919–26) (Zitat S. 320)

Franz von Assisi *(1181/82–1226)*

(eigentlich Giovanni Bernardone), Stifter des Ordens der Minderen Brüder (Franziskaner).

Die Werke. Sonnengesang, Ordensregeln, Testament, Briefe, Fioretti (Die Blümlein). Herausgegeben von Wolfram von den Steinen. Zürich 1979. (Zitat S. 71)

Erich Fried *(1921–1988)*

Österreichischer Lyriker.

Liebesgedichte. Berlin 1995. (Zitat S. 115)

Mahatma Gandhi *(1869–1948)*

(Mohandas Karamchand), genannt Mahatma Führer der indischen

Unabhängigkeitsbewegung.
Ausgewählte Texte. Herausgegeben von R. Attenborough (1983).
(Zitat S. 119)

Christian Fürchtegott Gellert *(1715–1769)*

Schriftsteller.
Sämtliche Schriften. Herausgegeben von Johann August Schlegel u.a. (1769–74; Nachdruck 1968).
(Zitat S. 122)

Stefan George *(1868–1933)*

Dichter.
Gedichte. Eine Auswahl. Herausgegeben von Robert Boehringer. Stuttgart 1975.
(Zitat S 168.)

Paul Gerhardt *(1607–1676)*

Dichter und Theologe.
Dichtungen und Schriften. Herausgegeben von E. von Cranach-Sichart (1957).
(Zitat S. 45, 278, 285)

Gibran Khalil *(1883 - 1931)*

(Djubran Chalil), christlich-libanesischer Schriftsteller und Maler.
Eine Träne und en Lächeln (1914). Übersetzt aus dem Arabischen von U. u. Y. Assaf. Olten 1992. (Zitat S. 213)

Johann Wilhelm Ludwig Gleim *(1719–1803)*

Dichter.
Sämmtliche Werke. Herausgegeben von W. Körte. (1811-13, Nachdruck 1971).
(Zitat S. 21, 270)

Johann Wolfgang von Goethe *(1749–1832)*

(1782 geadelt), Dichter.
Goethe Werke. Gedichte, Versepen. Herausgegeben von Walter Höllerer. Frankfurt/M. 1970.
(Zitat S. 8, 46, 146, 311, 342)

Hans Jakob Christopffel von Grimmelshausen *(1621–1676)*

Erzähler und Dichter.
Gesammelte Werke in Einzelausgaben. Herausgegeben von R. Tarot u.a. (1967-84)
(Zitat S. 250)

Andreas Gryphius *(1616–1664)*

(eigentlich Andreas Greif), Dichter.
Gesamtausgabe der deutsch-sprachigen Werke. Herausgegeben von M. Szyrocki u. a.
(1963–87).
(Zitat S. 93, 318)

Karoline von Günderode

(1780–1806), Dichterin.
Sämtliche Werke und ausgewählte Studien. Herausgegeben von W. Morgenthaler (1990–91)
(Zitat S. 249, 362)

Emma Herwegh *(1817–1904)*

Revolutionärin und Ehefrau des Dichters Georg Herwegh.
Nicht Magd mit den Knechten. Marbacher Magazin 83/1998.
(Zitat S. 129)

Hildegard von Bingen

(1098–1179)
Benediktinerin und Mystikerin.
Otto Betz: Hildegard von Bingen. Gestalt und Werk. München 1996.
(Zitat S. 97, 192, 223, 231, 304)

Isaak

Heiliger
Savitri L. Bess: Der Weg der Mutter. Auf dem spirituellen Pfad (...). Freiamt 2004.
(Zitat S. 135, 152)

Johannes XXIII. *(1881–1963)*

(früher Angelo Giuseppe Roncalli), Papst von 1958–1963.
Geistliches Tagebuch und andere geistliche Schriften. Herausgegeben von F. Dörr (1965).
(Zitat S. 274)

Immanuel Kant *(1724–1804)*

Philosoph.
Werke. Herausgegeben von Wilhelm Weischedel. (1956 - 1964, Nachdruck 1977).
(Zitat S. 175)

Katharina von Siena

(um 1347–1380)
Mystikerin.
Engagiert aus Glauben. Briefe. Herausgegeben von Ferdinand Strobel. Zürich 1990.
(Zitat S. 207)

Martin Luther *(1483–1546)*

Reformator.
Die Werke in Auswahl. Herausgegeben von K. Aland. Göttingen 1983
(Zitat S. 24, 67, 191)

Katherine Mansfield

(1888–1923)
(eigentlich Kathleen Mansfield Beauchamp), neuseeländische Schriftstellerin
Weisheiten großer Frauen. München 2005. (Zitat S. 188)

Mechthild von Magdeburg

(um 1208–1282 oder 1297)
Mystikerin; lebte als Begine in Magdeburg, seit 1270 in Helfta.
Offenbarungen der Schwester Mechthild von Mechthild oder Das fließende Licht der Gottheit. Herausgegeben von P. Gall Morel Regensburg 1869; (Nachdruck: Darmstadt 1963).
(Zitat S. 145, 149, 160, 164, 273, 356),

Thomas (Feverel) Merton

(1915–1968)
US-Amerikanischer Trappist, späterer Eremit, Mystiker, Dichter und Schriftsteller.
Keiner ist eine Insel. Betrachtungen über die Liebe. Zürich 1977.
(Zitat S. 350)

Joachim Neander *(1650–1680)*

Theologe und Kirchenlieddichter.
Helmut Ackermann. Joachim Neander – ein Leben, seine Lieder, sein Tal. Düsseldorf 2005.
(Zitat S. 111)

Rainer Maria Rilke

(1875–1926)
österreichischer Schriftsteller.
Das Stunden-Buch enthaltend die drei Bücher Vom mönchischen Leben, Von der Pilgerschaft, von der Armut und vom Tode. Frankfurt/M. 1972.
(Zitat S. 22, 26, 36, 41, 82, 87, 112, 116, 130, 176, 182, 203, 204, 220, 224, 228)

Martin Rinckart *(1586–1649)*

Theologe, Dichter und Komponist von Kirchenliedern.
Siegmar Keil: Nun danket alle Gott - Auf den Spuren eines Chorals. In Forum Kirchenmusik 3/1997.
(Zitat S. 141)

Caroline Schlegel *(1763–1809)*

(eigentlich Dorothea Caroline Albertine von Schlegel-Schelling), Schriftstellerin
Briefe aus der Frühromantik. Herausgegeben von Erich Schmidt (1913-21; Nachdruck 1970).
(Zitat S. 172)

Frère Roger Schutz

(1915–2005)
Gründer der ökumenischen Bruderschaft von Taizé.
Gebete des Monats: September & Oktober 2005.http://www.gebete.de.
(Zitat S. 171)

Angelus Silesius *(1624–1677)*
geistlicher Dichter.
Cherubinischer Wandersmann, herausgegeben von Louise Gnädinger. Stuttgart 1984.
(Zitat S. 29, 38, 75, 254, 269, 277, 330, 334, 358, 366)

Edith Södergran *(1892–1923)*
Dichterin und Schriftstellerin.
Feindliche Sterne. Gesammelte Gedichte. München 1975.
(Zitat S.307)

David Steindl-Rast *(1926)*
Österreichischer Mystiker und Benediktiner, lebt seit 1953 in den USA.
Fülle und Nichts. die Wiedergeburt christlicher Mystik. Düsseldorf 1989.
(Zitat S. 289)

Theodor Storm *(1817–1888)*
Oberamtsrichter und Dichter.
Gedichte. Auswahl herausgegeben von Gunter Grimm. Stuttgart 1978.
(Zitat S. 55, 104, 313, 340)

Teresa *(1910–1997)*
(genannt Mutter Teresa), indische katholische Ordensgründerin.
Gedanken für jeden Tag. Übersetzt von S. Liesenfeld. 1995.(Zitat S. 297)

Gerhard Tersteegen *(1697–1769)*
Mystiker und Dichter.
Gesammelte Schriften (1844-45)
(Zitat S. 56, 198)

Teresa von Avila *(1515–1582)*
spanische Karmelitin und Mystikerin.
Sämtliche Schriften der heiligen Theresia von Jesu. Übersetzt von A. Alkofer (1985/1992).
(Zitat S. 194, 262)

Josef Weinheber *(1892–1945)*
Österreichischer Schriftsteller.
Sämtliche Werke. Herausgegeben von J. Jenaczek (1970-84).
(Zitat S. 42, 308)

Georg Weissel *(1590–1635)*
Evangelischer Kirchenlieddichter.
Neuverfertigtes Gesangbuch. Darmstadt 1699.
(Zitat S. 95)

Lothar Zenetti *(1926)*
Theologe und Schriftsteller.
Texte der Zuversicht. Für den einzelnen und die Gemeinde (1972)
(Zitat S. 100)

Unser Gesamtverzeichnis finden Sie unter:
www.bruckmann.de

Produktmanagement: Susanne Caesar
Redaktion: Renate Lüdde
Texte und Auswahl der Zitate: Rüdiger Dingemann
Layout: Wiebke Hengst, Ostfildern
Repro: Scanner Service, Verona
Umschlaggestaltung: Heinz Kraxenberger unter Verwendung eines Fotos von Mirko Milovanovic
Herstellung: Bettina Schippel

Alle Angaben dieses Werkes wurden vom Autor sorgfältig recherchiert und auf den aktuellen Stand gebracht sowie vom Verlag geprüft. Für die Richtigkeit der Angaben kann jedoch keine Haftung übernommen werden.

Für Hinweise und Anregungen sind wir jederzeit dankbar. Bitte richten Sie diese an:
Bruckmann Verlag
Produktmanagement
Innsbrucker Ring 15
D–81673 München
E-Mail: lektorat@bruckmann.de

Bildnachweis:
Umschlagvorderseite: Stift Zwettl
Umschlagrückseite: Abtei Weltenburg

Alle Abbildungen des Umschlags und des Innenteils stammen von Mirko Milovanovic außer:
Hartmut Krinitz: 31, 47, 49, 66, 70, 73, 74, 85, 89, 110, 174, 181, 184, 195, 209, 252, 279, 283, 293, 316, 327, 328, 337, 341, 343, 351, 354, 364
Martin Schulte–Kellinghaus: 32, 335, 361
Erich Spiegelhalter: 322, 359

Die Deutsche Bibliothek – CIP-Einheitsaufnahme
Ein Titelsatz für diese Publikation ist bei der Deutschen Bibliothek erhältlich.

Printed in Slovenia by MKT PRINT d.d., Ljubljana
ISBN 3-7654-4514-2